KB075654

# [Fusion360 활용편] 따라하며 익힐 수 있는 3D CAD 설계
## [ 공기청정기 만들기 ]

3D모델링 및 3D프린터 관련 교육을 하다 보면 Fusion360을
활용하여 자신만의 제품을 만들어 보고 싶어 하시는 분들이
많이 계십니다.

그래서 초보 메이커님들을 위해서 지금까지 제품설계 경험을 바탕으로
쉽게 익힐 수 있는 기초교재를 만들게 되었습니다.

3D모델링(설계)의 정답은 없습니다.
조직(회사)이나 개인마다 3D모델링 방법이 다 상이합니다.

특정조직 속에서 업무를 진행하는 경우와 협업 설계업무를
진행하는 경우 등 일부 사항을 제외하면
일반적으로 자신에게 맞는 효율적인 방법으로 진행하면 됩니다.

제품 가공(생산)방법에 따라 설계방식이 서로 다릅니다.
이 교재는 3D프린터(FDM방식)를 사용하여 제품을 제작한다는
가정하에 제작되므로 다른 가공법은 안 맞을 수 있습니다.

부디 이 교재가 기본이 되어 각자 자신에게 맞는 더 효율적인
방법으로 3D모델링(설계)을 하실 수 있는 계기가 되었으면 합니다.

저 자 : 윤 정필
E-Mail : glworld123@naver.com

이 책은 GL의 소중한 자산입니다. 허가 없는 무단 배포를 금합니다.

# *** Fusion 360을 활용한 공기청정기 만들기 ***

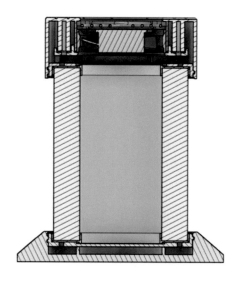

# *** CONTENT ***

# 단원 1. 적용부품 3D모델링

우선 제작하려는 제품에 적용되는 부품을 먼저 3D모델링을 합니다.

● **공기청정기에 설계에 적용되는 부품**

1) 공기청정기 필터
2) 12V 팬 ( 60 X 60 X 15(H) mm 적용 )
3) 보호망
4) 전원케이블
5) 나사(2종)

**\* 조립되는 부품의 측정 및 3D모델링 시 주의 사항.**

1) <u>일반적으로 너무 상세하게 3D모델링을 하지 않아도 됩니다.</u>
  조립에 필요한 중요 치수(외형, 조립 위치, 간섭 등)를 기준으로
  3D모델링을 합니다.
2) <u>부품 제작사에서 제공하는 도면이 있으면 사용하면 됩니다.</u>
  도면이 없는 경우 직접 실 제품을 측정하면서 3D모델링을 합니다.
  도면과 실제 제품을 비교하는 검토작업이 필요합니다.
  ( 도면과 실제 제품이 다른 경우가 간혹 있습니다.)

● 제품설계 방법은 100% 정해진 것이 없습니다.
  여기 소개된 방법은 초, 중급자분들이 더욱 쉽게 학습할 수 있도록
  알려드리는 교재입니다.
  여러 번 연습하셔서 각자 효율적인 3D모델링 방법을 만드시면 됩니다.

# 1. 공기청정기 필터 부품 3D모델링

실제품에서 주요 부분을 측정하면서 3D모델링을 진행합니다.

(제품도면이 없는 경우 사용합니다.)

## 1) 파일 / 저장 **선택**

(필터 파일을 저장합니다.)

이름 : Filter

위치 : 저장하고자 하는 위치 선택.

## 2) 작성 / 스케치 작성 **선택**

작업평면 : XY 평면, 그림과 같이 스케치하기.

 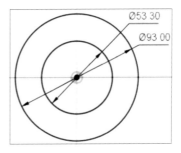

## 3) 작성 / 돌출 **선택**

프로파일 : 그림과 같이 선택

거리 : 6 (위 방향으로….)

생성 : 새 본체 선택

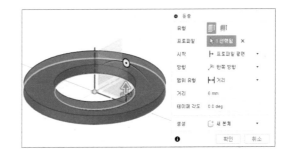

## 4) 수정 / 모따기 **선택**

하단부 외측 모서리 선택

유형 : 동일한 거리 선택

거리값 : 1.5

구석 유형 : 모따기 선택

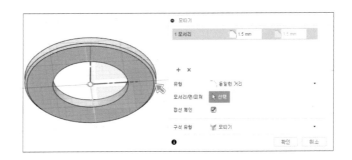

5) 수정 / 쉘 선택

면/본체 : 형상의 윗면 선택

내부 두께 : 1

방향 : 내부 선택

6) 작성 / 스케치 작성 선택

작업평면 : 이전 형상의 바닥 면 선택

그림과 같이 스케치하기

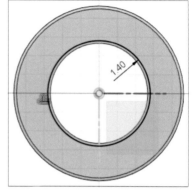

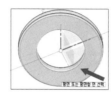

7) 작성 / 돌출 선택

프로파일 : 그림과 같이 선택

거리 : 0.8 (아래 방향으로….)

생성 : 접합 선택

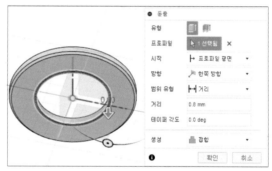

8-1) 이전에 만든 Body 복사하기

아래 그림과 같이 Browser에서

이전에 만든 본체1 선택 후 CTR+C

그리고 CTR+V 사용.

같은 형상을 하나 더 만들 수 있음.

8-2) 두 부품의 떨어진 간격이 115.5mm

되도록 이동

회전 및 이동 등을 적용하여 복사된

부품을 위치이동 합니다.

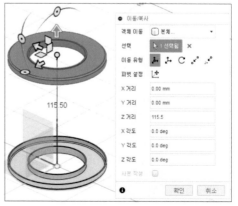

9) 검사 / 측정 **선택** (선택 사항)

우측의 그림과 같이 위/아래 넓은 면을 선택
하여 정확한 거리가 표시되는지 확인합니다.
(외측) 두 면의 공간 거리 ; 115.5mm

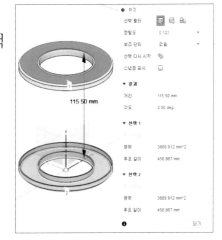

10) 작성 / 스케치 작성 **선택**

작업평면 : 아래 부품의 내측 면 선택
그림과 같이 스케치하기

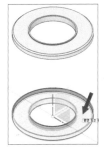 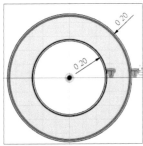 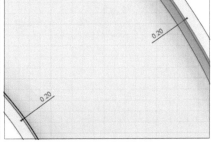

11) 작성 / 돌출 **선택**

프로파일 : 그림과 같이 선택
거리 : 113.6 (위 방향으로⋯.)
생성 : 새 본체 선택

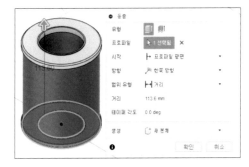

12) 수정 / 색상 **선택** (선택 사항)

여러 부품이 조립된 경우 색상을
적용하면 구분하기 편리해집니다.

공기청정기 필터 부품 3D모델링을
완료하였습니다.

## 2. Fan 부품 3D모델링

실제품에서 주요 부분을 측정하면서 3D모델링을
진행합니다.

(제품도면이 없는 경우 사용합니다.)

### 1) 파일 / 저장 선택

(팬 파일을 저장합니다.)

이름 : Fan

위치 : 저장하고자 하는 위치 선택.

### 2) Fan 윗면에 사진 촬영.

Fan의 라벨 부분이 보이게 사진 촬영을 해서 PC에 저장합니다.

### 3) 삽입 / 캔버스 선택

내 컴퓨터에서 삽입 선택 → 저장된 Fan 사진 파일 선택

면 : XY 평면 선택

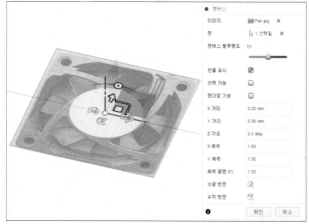

### 4) Fan 선택 → 마우스 우클릭 → 교정 선택

(Fan 사진의 크기를 실제 부품 크기로 수정합니다.)

<u>가로축에서 직선으로 최단 거리가 되게 2점 선택 → 치수를 60으로 수정</u>

(이미지의 가로 치수가 60mm로 수정됩니다.)

 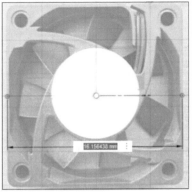 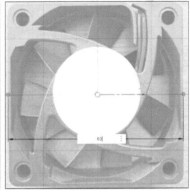

5) <u>Fan 선택</u> → 마우스 우클릭 → 캔버스 편집 선택

화살표 등을 이동하여 중앙에 위치되게 합니다.

너무 정확하게 할 필요는 없습니다. (3D모델링 참조 형상으로 사용)

 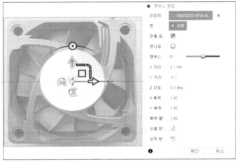

6) 작성 / 스케치 작성 **선택**

작업평면 : XY 평면 선택

그림과 같이 스케치하기

(아래 그림은 같은 스케치입니다.)

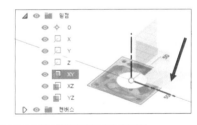

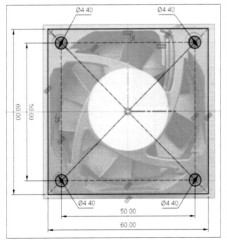 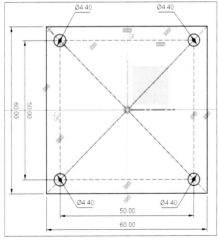

사진은 이미지 왜곡 때문에 조금씩 차이가 발생할 수 있습니다.
사진 추가 이유는 전체 이미지를 참조하면서 3D모델링을 진행하려고
추가했습니다.
(이미지가 없어도 3D모델링을 진행하는 데는 무리가 없습니다.)

7) 작성 / 돌출 **선택**
   그림과 같이 프로파일 선택
   거리 : -15.2 (아래 방향으로….)
   생성 : 새 본체 선택

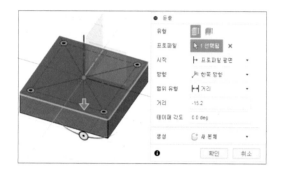

8) 작성 / 스케치 작성 **선택**
   작업평면 : 이전 형상의 윗면 선택, 그림과 같이 스케치하기

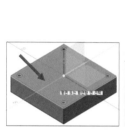 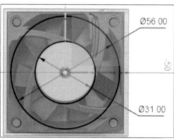 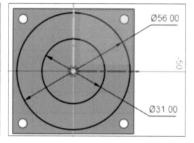

9) 작성 / 돌출 **선택**
   (검색기에서 캔버스를 숨기기 선택)
   그림과 같이 프로파일 선택
   거리 : 충분한 거리 입력 (아래 방향으로….)
   생성 : 잘라내기 선택

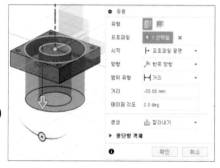

10) 수정 / 모깎기 **선택**
    그림과 같이 위/아래 모서리 선택
    반지름 유형 : 상수 선택
    거리값 : 3
    구석 유형 : 롤링 볼 선택

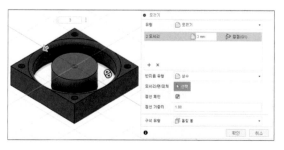

11) 작성 / 스케치 작성 **선택**

　작업평면 : 이전 형상의 윗면 선택

　그림과 같이 스케치하기

　(원형패턴으로 4방향으로 스케치 진행)

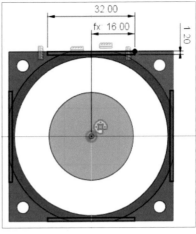

12) 작성 / 돌출 **선택**

　그림과 같이 프로파일 선택

　거리 : -15.2

　　　　　(아래 방향으로….)

　생성 : 접합 선택

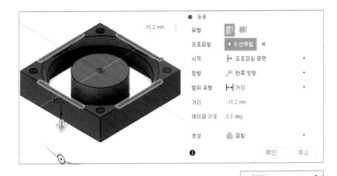

13) 작성 / 스케치 작성 **선택**

　(검색기에서 캔버스를 보이게 선택)

　작업평면 : 이전 형상의 윗면 선택

　그림과 같이 스케치하기. (사진의 형상을 참조하면서 스케치 진행)

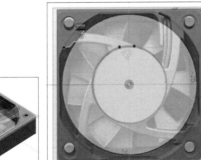

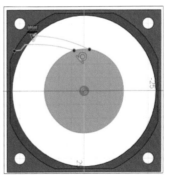

14) 작성 / 돌출 **선택**

　(검색기에서 캔버스를 숨기기 선택)

　그림과 같이 프로파일 선택

거리 : -2 (아래 방향으로….)

생성 : 접합 선택

15) 작성 / 패턴 / 원형패턴 **선택**

유형 : 본체

객체 : 이전에 만든 형상 선택

축 : Z축(또는 원의 중심) 선택

각도 간격 : 전체 선택

수량 : 4

16) 수정 / 결합 **선택**

대상 본체 : 팬의 넓은 부분 선택

도구 본체 : 이전에 만든 형상

              (4개) 선택

생성 : 접합 선택

17) 수정 / 모깎기 **선택**

그림과 같이 내측 모서리 선택.

반지름 유형 : 상수 선택

거리값 : 1

구석 유형 : 롤링 볼 선택

18) 작성 / 스케치 작성 **선택**

작업평면 : XZ 평면 선택

그림과 같이 스케치하기

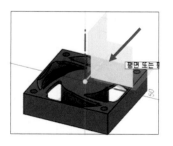

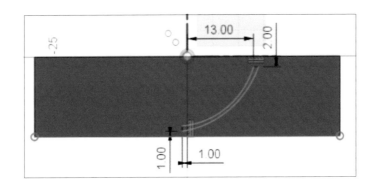

19) 작성 / 스케치 작성 **선택**

　　작업평면 : 외측 전면 선택, 그림과 같이 스케치하기

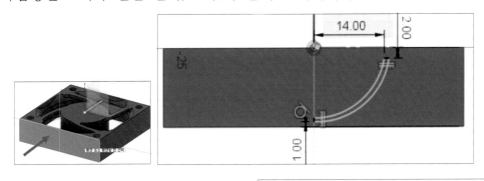

20) 작성 / 로프트 **선택**

　　이전 스케치 형상을 각각 선택

　　생성 : 새 본체 선택

21) 작성 / 스케치 작성 **선택**

　　(검색기에서 캔버스를 보이게 선택)

　　작업평면 : 이전 형상의 윗면 선택

　　그림과 같이 스케치하기

　　(사진의 형상을 참조하면서 스케치 진행)

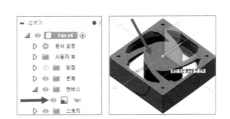

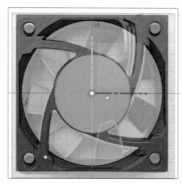 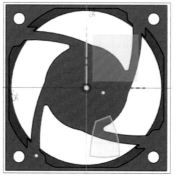

22) 작성 / 돌출 **선택**

    (검색기에서 캔버스를 숨기기 선택)

    (다른 본체도 잠시 숨기기 선택)

    그림과 같이 프로파일 선택

    거리 : 충분한 거리 입력

             (아래 방향으로….)

    생성 : 교차 선택

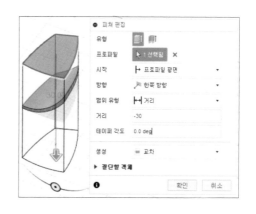

23) 작성 / 패턴 / 원형패턴 **선택**

    (감추어진 본체를 다시 보이게 선택)

    유형 : 본체

    객체 : 이전에 만든 형상 선택

    축 : Z축(또는 원의 중심) 선택

    각도 간격 : 전체 선택

    수량 : 7

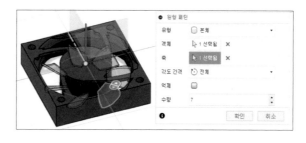

24) 수정 / 결합 **선택**

    대상 본체 : 팬의 넓은 부분 선택

    도구 본체 : 이전에 만든 팬 형상

             (7개) 선택

    생성 : 접합 선택

25) 수정 / 모깎기 **선택**

그림과 같이 모서리 선택

반지름 유형 : 상수 선택

거리값 : 3

구석 유형 : 롤링 볼 선택

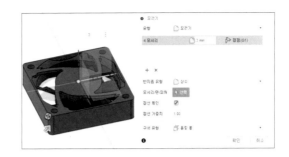

21) 작성 / 스케치 작성 **선택**

작업평면 : 이전 형상의 후면 선택, 그림과 같이 스케치하기

22) 작성 / 돌출 **선택**

그림과 같이 이전 스케치 선택

거리 : 7 입력

생성 : 접합 선택

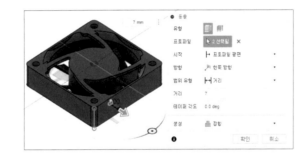

23) 수정 / 색상 **선택** (선택 사항)

여러 부품이 조립된 경우 색상을
적용하면 구분하기 편리해집니다.

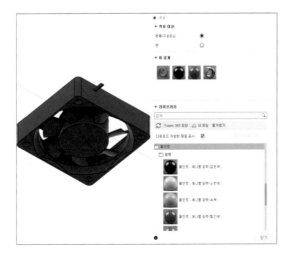

공기청정기 팬 부품 3D모델링을
완료하였습니다.

## 3. Fan Grill 부품 3D모델링

실제품에서 주요 부분을 측정하면서 3D모델링을
진행합니다.

(제품도면이 없는 경우 사용합니다.)

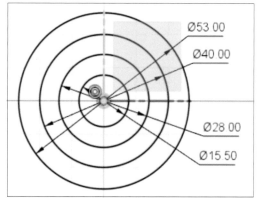

1) 파일 / 저장 **선택**

(팬 그릴 파일을 저장합니다.)

이름 : Fan-Grill

위치 : 저장하고자 하는 위치 선택.

2) 작성 / 스케치 작성 **선택**

작업평면 : XY 평면 선택

그림과 같이 스케치하기

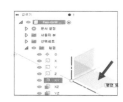

3) 작성 / 파이프 **선택**

경호 : 이전 스케치의 원 선택

단면 크기 : 1.6

생성 : 새 본체 선택

4) 작성 / 파이프 **선택 : 동일한 방법으로 3번 더 실행, 각각의 원을 선택**

5) 구성 / 평면 간격띄우기 **선택**

평면 : XY 평면 선택

범위 : 거리 선택

거리 : 1.6 (위 방향…)

6) 작성 / 스케치 작성 **선택**

   작업평면 : 이전에 만든 평면 선택
   그림과 같이 스케치하기

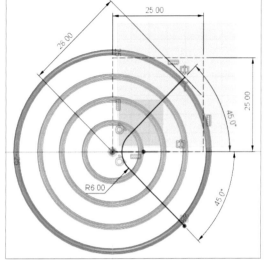

7) 구성 / 평면 간격띄우기 **선택**

   평면 : XY 평면 선택
   범위 : 거리 선택
   거리 : -1.6 (아래 방향….)

8) 작성 / 스케치 작성 **선택**

   작업평면 : 이전에 만든 평면 선택, 그림과 같이 스케치하기

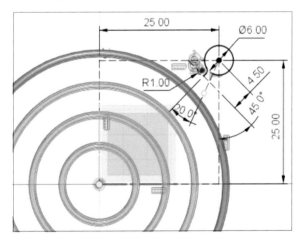

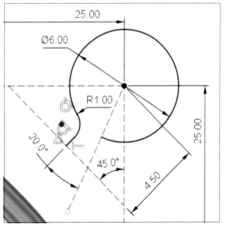

9) 구성 / 두 모서리를 통과하는 평면 **선택**

   선 : 그림과 같이 각각의 대각선 선택 (파란색, 2개)

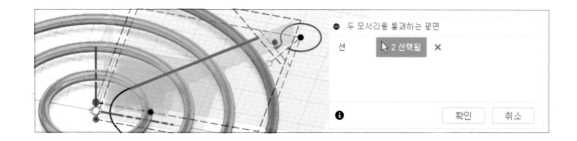

10) 작성 / 스케치 작성 **선택**

　　작업평면 : 위에서 만든 평면 선택, 그림과 같이 스케치하기

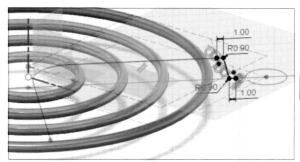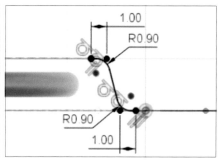

11) 작성 / 파이프 **선택**

　　경로 : 대각선 스케치 선택

　　단면 크기 : 1.6

　　생성 : 새 본체 선택

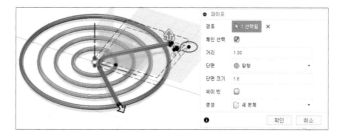

12) 작성 / 파이프 **선택**

　　경로 : 아래 스케치 선택

　　단면 크기 : 1.6

　　생성 : 새 본체 선택

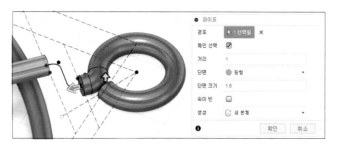

13) 작성 / 파이프 **선택**

　　경로 : 아래 스케치 선택

　　단면 크기 : 1.6

　　생성 : 새 본체 선택

14) 작성 / 미러 **선택**
   유형 : 본체 선택
   객체 : 이전 생성된 형상 (2개)
   미러 평면 : XZ 평면 선택
   생성 : 새 본체 선택

15) 수정 / 결합 **선택**
   대상 본체 : 대각선 형상 선택
   도구 본체 : 나머지 4개 형상 선택
   생성 : 접합 선택

16) 작성 / 미러 **선택**
   유형 : 본체 선택
   객체 : 이전 형상 선택
   미러 평면 : YZ 평면 선택
   생성 : 새 본체 선택

17) 수정 / 색상 **선택** (선택 사항)
   여러 부품이 조립된 경우 색상을
   적용하면 구분하기 편리해집니다.

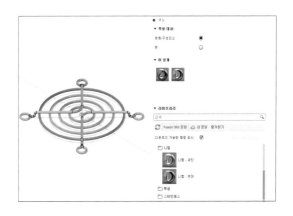

공기청정기 팬 그릴 부품 3D모델링을 완료하였습니다.

## 4. PWR Cable 부품 3D모델링

실제품에서 주요 부분을 측정하면서 3D모델링을
진행합니다.
(제품도면이 없는 경우 사용합니다.)

1) 파일 / 저장 **선택**
   (파워케이블 파일을 저장합니다.)
   이름 : PWR-Cable
   위치 : 저장하고자 하는 위치 선택.

2) 작성 / 스케치 작성 **선택**
   작업평면 : XZ 평면 선택
   그림과 같이 스케치하기

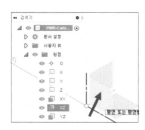

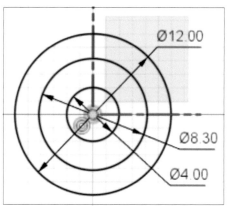

3) 작성 / 돌출 **선택**
   그림과 같이 프로파일 선택
   거리 : 22
   생성 : 새 본체 선택

4) 작성 / 돌출 **선택**
   (스케치에서 이전 스케치 보이게 설정)
   그림과 같이 프로파일 선택
   거리 : 36
   생성 : 접합 선택

5) 작성 / 돌출 **선택**

   그림과 같이 작은 원 선택

   거리 : 80

   생성 : 접합 선택

   (스케치에서 숨기기

   설정)

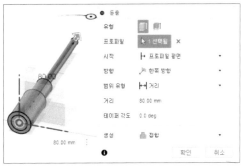

공기청정기 파워 케이블 부품 3D모델링을 완료하였습니다.

## 5. Taptite Screw 부품 3D모델링

실제품에서 주요 부분을 측정하면서 3D모델링을 진행합니다.

(제품도면이 없는 경우 사용합니다.)

### 1) 파일 / 저장 선택

(탭타이트 나사 파일을 저장합니다.)

이름 : Taptite-Screw-3XL10

위치 : 저장하고자 하는 위치 선택.

### 2) 작성 / 스케치 작성 선택

작업평면 : XZ 평면 선택

그림과 같이 스케치하기

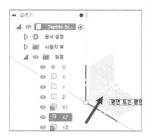

### 3) 작성 / 회전 선택

프로파일 : 그림과 같이 선택

축 : Z축 선택

유형 : 각도 선택

각도 : 360

생성 : 새 본체 선택

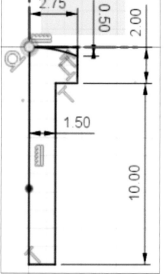

### 4) 수정 / 모깎기 선택

그림과 같이 위 모서리 선택(2개)

반지름 유형 : 상수 선택

거리값 : 0.5

구석 유형 : 롤링 볼 선택

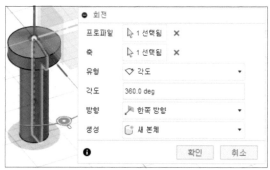

5) 작성 / 스케치 작성 **선택**

  작업평면 : XY 평면 선택

  그림과 같이 스케치하기

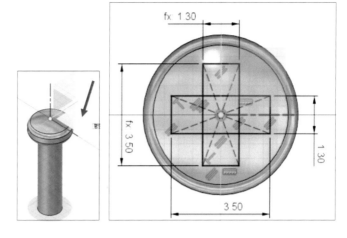

6) 작성 / 돌출 **선택**

  그림과 같이 프로파일 선택

  거리 : -1.2

  생성 : 잘라내기 선택

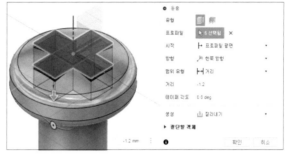

7) 수정 / 색상 **선택** (선택 사항)

  여러 부품이 조립된 경우 색상을

  적용하면 구분하기 편리해집니다.

공기청정기 탭타이드 나사부품 3D모델링을 완료하였습니다.

## 6. Tapping Screw 부품 3D모델링

실제품에서 주요 부분을 측정하면서 3D모델링을 진행합니다.

(제품도면이 없는 경우 사용합니다.)

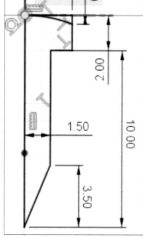

### 1) 파일 / 저장 **선택**

(탭핑 나사 파일을 저장합니다.)

이름 : Tapping-Screw-3XL10

위치 : 저장하고자 하는 위치 선택.

### 2) 작성 / 스케치 작성 **선택**

작업평면 : XZ 평면 선택

그림과 같이 스케치하기

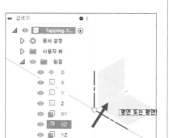

### 3) 작성 / 회전 **선택**

프로파일 : 그림과 같이 선택

축 : Z축 선택

유형 : 각도 선택

각도 : 360

생성 : 새 본체 선택

### 4) 수정 / 모깎기 **선택**

그림과 같이 위 모서리 선택(2개)

반지름 유형 : 상수 선택

거리값 : 0.5

구석 유형 : 롤링 볼 선택

5) 작성 / 스케치 작성 **선택**
   작업평면 : XY 평면 선택
   그림과 같이 스케치하기

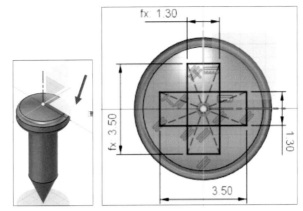

6) 작성 / 돌출 **선택**
   그림과 같이 프로파일 선택
   거리 : -1.2
   생성 : 잘라내기 선택

7) 수정 / 색상 **선택** (선택 사항)
   여러 부품이 조립된 경우 색상을
   적용하면 구분하기 편리해집니다.

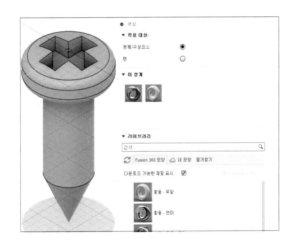

공기청정기 탭핑 나사부품 3D모델링을 완료하였습니다.

# 단원 2. 제품 3D모델링

앞장에서 3D모델링 된 부품들을 적정위치 (디자인 또는 제품의 성능을 잘 구현할 수 있는 위치로 이동) 에 배치하여 본격적인 제품설계를 진행합니다.

(이 단원부터는 단원1과 달리 부품 간 서로 참조하면서 설계를 진행하므로 한번에 단품 설계가 끝나지 않습니다. 형상투영을 가끔 사용하여 진행됩니다.)

## 1. 새 파일을 저장.

파일 / 저장 선택

이름 : Air-Cleaner, 위치 : 저장하고자 하는 위치 선택

## 2. 사용될 부품 불러오기. (미리 3D모델링이 되어 있어야 합니다.)

화면 왼쪽 위에 있는 <u>데이터 패널 표시</u>를 선택 후, 이전에 3D모델링 된 부품들을 불러옵니다.

부품을 불러올 때 : <u>마우스로 부품을 선택 -〉 마우스 우클릭 -〉 현재 설계에 삽입 선택</u>

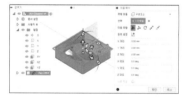 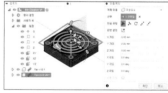 

위와 같이 3개의 부품(Fan, Fan-Grill, Filter)을 가져옵니다.

위치이동은 없이 (그 자리에서) 확인을 선택합니다.

( 차후 디자인 스케치를 참조하면서 각각의 부품을 적절한 위치로 이동합니다.)

## 3. 디자인 스케치 적용하기.

제품디자인 또는 Layout 형상이 있으면 화면에 배치하여 위에서 불러온

부품들을 적절한 위치로 이동 배치합니다.

(실제 현업에선 많은 검토를 하게 되며 이에 사용되는 각종 부품도 다양한
위치에서 검토한 후 최적의 위치를 선정하게 됩니다.
이 교재에서는 중간과정은 지면상 생략하고 최종 결과만 적용하겠습니다.)

1) 삽입 / 캔버스 **선택** (이미지 추가 부분은 건너뛰기를 하셔도 됩니다.)
   내 컴퓨터에서 삽입 선택, 원하는 파일 선택, 면 : XZ 평면 선택

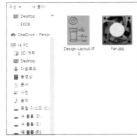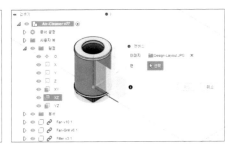

아래 그림과 같이 디자인 스케치의 크기를 수정합니다.
필터 부품을 기준으로 유사한 크기와 위치로 이동하면서 작업을 진행합니다.
(정확한 크기와 위치로 맞출 필요는 없습니다. 참조 형상으로만 사용됩니다.)

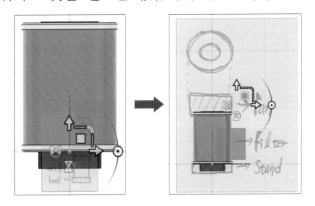

위에 적용된 디자인 스케치에서….
자신의 아이디어를 연습장에 간단하게 스케치한 후
사진을 찍고 그 사진을 Fusion360으로 불러오게 함.
(각종 이미지나 디자인 3D 파일도 가능합니다.)

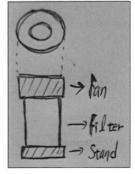

## 2) Fan 부품 이동하기

마우스로 Fan 선택 -〉 마우스 우클릭 -〉 이동/복사 선택

위 방향으로 이동 (Z축으로만 이동)

두 부품(Filter, Fan) 사이의 거리가 9mm 가
되게 이동합니다. (Filter 부품은 고정)

이동 후 위치 캡처 선택

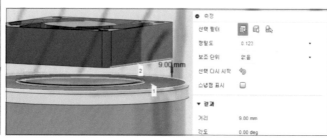

## 3) Fan-Grill 부품 이동하기

마우스로 Fan-Grill 선택 -〉 마우스 우클릭 -〉 이동/복사 선택

위 방향으로 이동 (Z축으로만 이동)

두 부품(Fan, Fan-Grill) 사이의 거리가 0mm 가
되게 이동합니다. (두 부품이 접하게 함)

이동 후 위치 캡처 선택

## 4. 새 구성요소(부품) 추가하기.

마우스로 Air-Cleaner 선택 -〉 마우스 우클릭 -〉 새 구성요소 선택

새 창에서 - 유형:표준, 내부 선택, 이름:Filter-TC, 활성화 선택해제

확인을 선택하면 아래 우측그림과 같이 검색기에 Filter-TC가 생성됩니다.

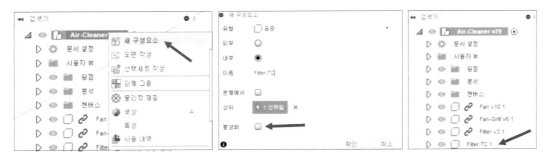

## 5. 일부 구성요소 숨기기 적용.

모니터 화면상에 너무 많은 구성요소(부품)가 나타나 있으면 제품설계에
오히려 방해요소가 됩니다.

필요한 구성요소만 남겨두고 기타 구성요소는
숨기기를 적용합니다.

가끔 숨긴 구성요소를 다시 보이게(표시) 하면서
교차 검증을 진행합니다.

Filer와 Filter-TC만 남겨두고 다른 구성요소는
숨기기를 적용합니다.

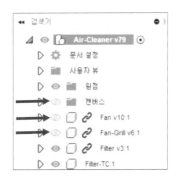

## 6. Filter-TC 부품 이동하기.

마우스로 Filter-TC 선택 -〉 마우스 우클릭 -〉 이동/복사 선택

Filter-TC를 위 방향으로 이동 :

 Filter-TC의 XY 평면과 Filter 윗면의 높이 차이가 2mm가 되게 이동
 (Filter-TC의 XY 평면이 위에 위치)

이동 후 위치 캡처 선택

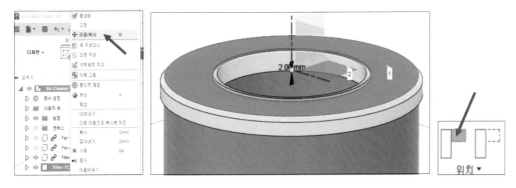

----------------------------------------------------------------

제품설계는 일반적으로 여러 부품이 조립됩니다.

그래서 서로 상호검증을 하면서 진행되므로 여러 부품이 동시에 설계가
진행됩니다.

앞으로 진행되는 설계방법은 상호 조립되는 부품들을 구성요소 활성화를
적용하여 진행되므로 <u>위와 같이 점선 표시(----)가 있으면 구성요소 활성화를</u>
<u>적용한다고</u> 생각하시면 됩니다.


## 7. Filter-TC 구성요소 활성화 적용.

마우스로 Filter-TC 선택 --〉 옆에 나타나는 원 선택

그림과 같이 기타 부품은 투명하게 표현됨.

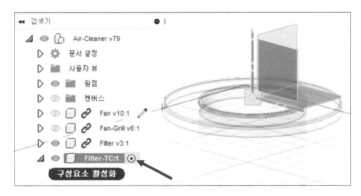

1) 작성 / 스케치 작성 **선택**

작업평면 : XZ 평면 선택

그림과 같이 스케치하기

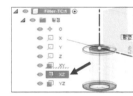

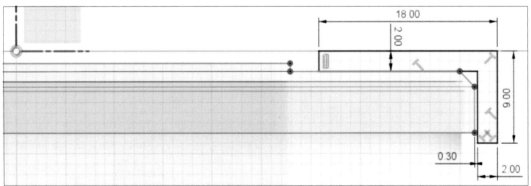

2) 작성 / 회전 **선택**

프로파일 : 그림과 같이 선택

축 : Z축 선택

유형 : 각도 선택

각도 : 360

생성 : 새 본체 선택

3) 작성 / 스케치 작성 **선택**

작업평면 : 이전 형상의 윗면 선택

그림과 같이 스케치하기

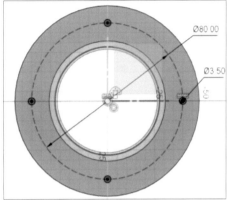

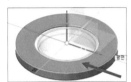

4) 작성 / 돌출 **선택**

그림과 같이 프로파일 선택

거리 : 충분한 거리 입력

생성 : 잘라내기 선택

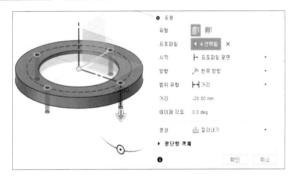

------------------------------------------------------------

# 8. Air-Cleaner 구성요소 활성화 적용과 새 구성요소 추가.

마우스로 Air-Cleaner 선택 --〉 옆에 나타나는 원 선택

마우스로 Air-Cleaner 선택 -〉 마우스 우클릭 -〉 새 구성요소 선택

새 창에서 - 유형:표준, 내부 선택, 이름:Top-Cover, 활성화 선택해제

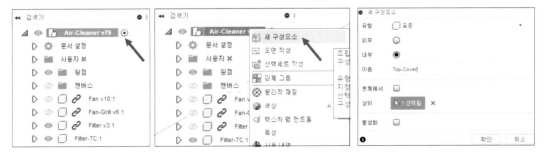

## 1) Top-Cover 부품 이동하기

마우스로 Top-Cover 선택 -〉 마우스 우클릭 -〉 이동/복사 선택

Top-Cover를 위 방향으로 이동 :

　　　Top-Cover의 XY 평면과 Filter-TC 아랫면의 높이 차이가

　　　0.5mm가 되게 이동 (Top-Cover의 XY 평면이 아래에 위치)

이동 후 위치 캡처 선택

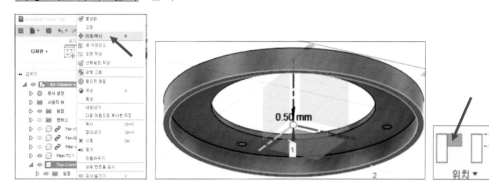

--------------------------------------------------------------------

## 9. Top-Cover 구성요소 활성화 적용.

마우스로 Top-Cover 선택 --〉 옆에 나타나는 원 선택

(그림과 같이 기타 부품은 투명하게 표현됨.)

## 1) 작성 / 스케치 작성 **선택**

작업평면 : XZ 평면 선택

그림과 같이 스케치하기

2) 작성 / 회전 **선택**

프로파일 : 그림과 같이 선택

축 : Z축 선택

유형 : 각도 선택

각도 : 360

생성 : 새 본체 선택

------------------------------------------------------------------

# 10. Filter-TC 구성요소 활성화 적용.

(마우스로 Filter-TC 선택 --〉 옆에 나타나는 원 선택)

1) 작성 / 코일 **선택**

작업평면 : 이전 형상의 바닥 면 선택

원을 그리듯이 원점에서 형상의 <u>바깥쪽 모서리</u> 선택(치수는 자동입력)

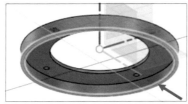

유형 : 회전 및 피치 선택

지름 : 97.6

회전 : 1.1

피치 : -4.5

단면크기 : 2

생성 : 새 본체 선택

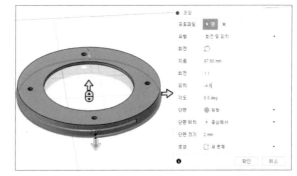

2) **위에서 생성된 코일 형상 이동하기**

<u>위에서 생성한 코일(본체에서 선택)을 선택 -〉 마우스 우클릭 -〉 이동/복사</u>

선택

위 방향으로 2mm 이동

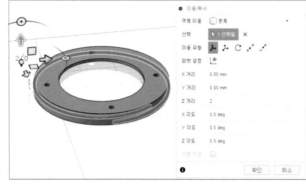

3) 수정 / 모깎기 **선택**

그림과 같이 모서리 선택(2개)

반지름 유형 : 상수 선택

거리값 : 0.9

구석 유형 : 롤링 볼 선택

4) 수정 / 결합 **선택**

대상 본체 : 외측 형상 선택

도구 본체 : 코일 형상 선택

생성 : 접합 선택

5) 수정 / 모깎기 **선택**

코일 형상의 선택

반지름 유형 : 상수 선택

거리값 : 0.3

구석 유형 : 롤링 볼 선택

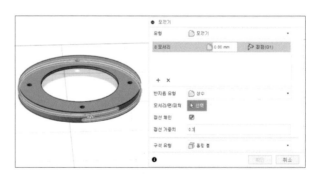

6) 수정 / 모따기 **선택**

상/하단부 외측 모서리 선택

유형 : 동일한 거리 선택

거리값 : 0.5

구석 유형 : 모따기 선택

---

## 11. Top-Cover 구성요소 활성화 적용.

### 1) 작성 / 코일 **선택**

작업평면 : 이전 형상의 바닥 면 선택

원을 그리듯이 원점에서 형상의 <u>안쪽 모서리</u> 선택(치수는 자동입력)

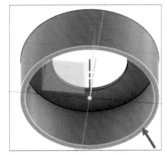 

유형 : 회전 및 피치 선택

지름 : 98

회전 : 2.3

피치 : -4.5

단면크기 : 2.4

생성 : 새 본체 선택

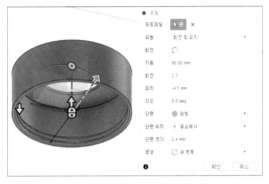

### 2) 위에서 생성된 코일 형상 이동하기

<u>위에서 생성한 코일(본체에서 선택)을 선택 -〉 마우스 우클릭 -〉 이동/복사</u>
선택

아래 방향으로 -2mm 이동

 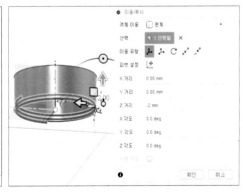

3) 수정 / 결합 **선택**

　　대상 본체 : 외측 형상 선택

　　도구 본체 : 코일 형상 선택

　　생성 : 잘라내기 선택

4) 수정 / 모깎기 **선택** (2번 실행)

　　a) 코일 형상의 내측 끝 모서리 선택, 거리값 : 1

　　b) 코일 형상의 모서리 선택, 거리값 : 0.3

 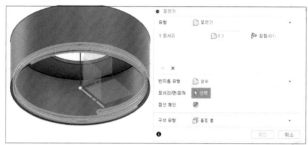

5) 작성 / 스케치 작성 **선택** (Fan, Fan-Grill 보이게 선택)

　　작업평면 : 내측 안쪽 면 선택

　　그림과 같이 스케치하기

 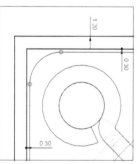 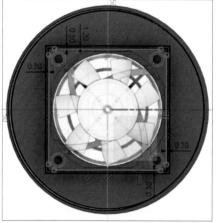

6) 작성 / 돌출 **선택**

　　그림과 같이 프로파일 선택

　　거리 : 19.5

　　생성 : 접합 선택

7) 작성 / 스케치 작성 **선택**

   작업평면 : 이전 생성된 형상의 윗면 선택

   그림과 같이 스케치하기

   (Fan의 전원선 간섭 피하기)

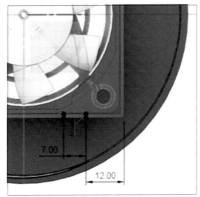
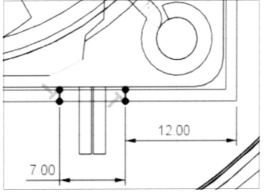

8) 작성 / 돌출 **선택**

   그림과 같이 프로파일 선택

   거리 : -13

   생성 : 잘라내기 선택

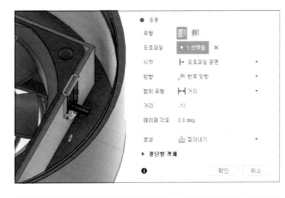

9) 수정 / 모따기 **선택**

   이전 형상 모서리 선택 (4곳)

   유형 : 동일한 거리 선택

   거리값 : 2

   구석 유형 : 모따기 선택

10) 작성 / 스케치 작성 **선택**

   작업평면 : 이전 생성된 형상의 윗면 선택

   그림과 같이 스케치하기

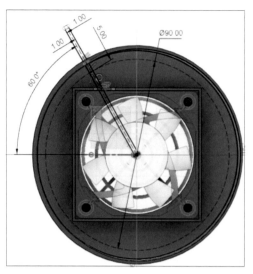
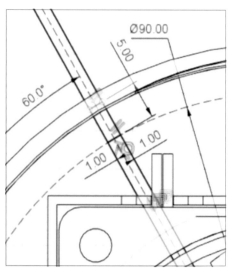

11) 작성 / 돌출 **선택**
    그림과 같이 프로파일 선택
    거리 : 27
    생성 : 새 본체 선택

12) 작성 / 패턴 / 원형 패턴 **선택**
    유형 : 본체
    객체 : 이전 생성된 형상
    각도 간격 : 전체 선택
    수량 : 4

13) 수정 / 결합 **선택**
    대상 본체 : 외측 형상 선택
    도구 본체 : 이전 형상 선택(4개)
    생성 : 접합 선택

14) 수정 / 모따기 **선택**

이전 형상 모서리 선택 (4곳)

유형 : 동일한 거리 선택

거리값 : 1

구석 유형 : 모따기 선택

15) 수정 / 색상 **선택** (선택 사항)

여러 부품이 조립된 경우 색상을

적용하면 구분하기 편리해집니다.

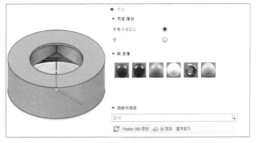

16) 작성 / 스케치 작성 **선택**

작업평면 : 내측 안쪽 바닥 면 선택

그림과 같이 스케치하기

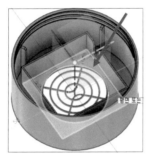

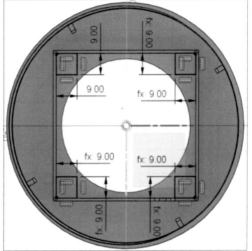

17) 작성 / 돌출 **선택**

그림과 같이 프로파일 선택

거리 : 3.2

생성 : 접합 선택

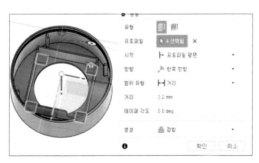

18) 수정 / 모깎기 **선택**

이전 형상의 모서리 선택(12곳)

반지름 유형 : 상수 선택

거리값 : 3

구석 유형 : 롤링 볼 선택

19) 작성 / 스케치 작성 **선택**
  작업평면 : 내측 바닥 면 선택
  그림과 같이 스케치하기

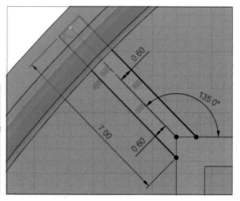

20) 작성 / 돌출 **선택**
  그림과 같이 프로파일 선택
  범위 유형 : 객체로
  객체 : 내측 바닥 면 선택
  생성 : 새 본체 선택

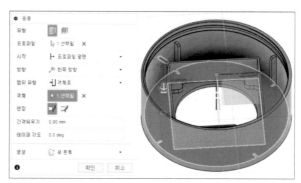

21) 작성 / 패턴 / 원형패턴 **선택**
  유형 : 본체
  객체 : 이전에 만든 형상 선택
  축 : Z축(또는 원의 중심) 선택
  각도 간격 : 전체 선택
  수량 : 4

22) 수정 / 결합 **선택**
  대상 본체 : 외측 형상 선택
  도구 본체 : 이전 형상 선택(4개)
  생성 : 접합 선택

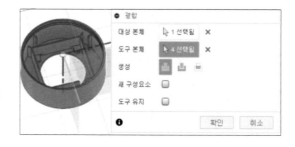

--------------------------------------------------------------------

12. Air-Cleaner 구성요소 활성화 적용과 새 구성요소 추가.

마우스로 Air-Cleaner 선택 -〉마우스 우클릭 -〉새 구성요소 선택

새 창에서 - 유형:표준, 내부 선택, 이름:Fan-Cover, 활성화 선택해제

## 1) Fan-Cover 부품 이동하기

마우스로 Fan-Cover 선택 -> 마우스 우클릭 -> 이동/복사 선택

Fan-Cover를 위 방향으로 이동 :

Fan-Cover의 XY 평면과 Top-Cover 리브 형상 윗면의 높이 차이가

0mm가 되게 이동 (동일한 높이)

이동 후 위치 캡처 선택

--------------------------------------------------------------------

## 13. Fan-Cover 구성요소 활성화 적용.

## 1) 작성 / 스케치 작성 **선택**

작업평면 : XY 평면 선택

그림과 같이 스케치하기

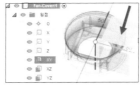

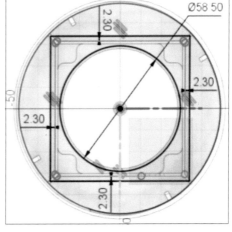

2) 작성 / 돌출 **선택**

그림과 같이 프로파일 선택

거리 : -2

생성 : 새 본체 선택

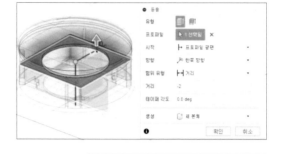

3) 작성 / 스케치 작성 **선택**

작업평면 : 이전 형상의 윗면 선택

( 방향에 주의할 것)

그림과 같이 스케치하기

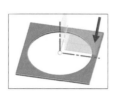

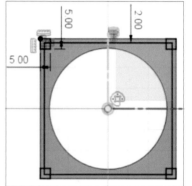

4) 작성 / 돌출 **선택**

그림과 같이 프로파일 선택

거리 : 5

생성 : 접합 선택

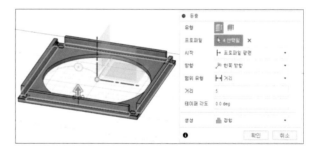

5) 수정 / 모따기 **선택**

이전 형상 외측 모서리 선택 (4곳)

유형 : 동일한 거리 선택

거리값 : 3

구석 유형 : 모따기 선택

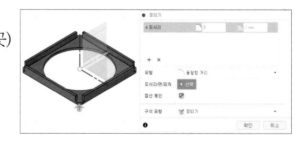

6) 수정 / 모따기 **선택**

리브 형상 외측 모서리 선택 (8곳)

유형 : 동일한 거리 선택

거리값 : 1

구석 유형 : 모따기 선택

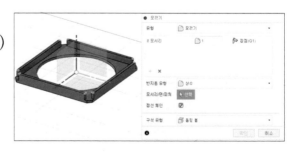

## 14. Top-Cover 구성요소 활성화 적용.

### 1) 작성 / 스케치 작성 **선택**
작업평면 : 내측 리브 형상 위면 선택
그림과 같이 스케치하기

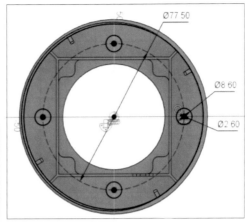

### 2) 작성 / 돌출 **선택**
그림과 같이 프로파일 선택
범위 유형 : 객체로 선택
객체 : 내측 바닥 면 선택
생성 : 접합 선택

### 3) 작성 / 돌출 **선택**
(이전 스케치 형상 보이게 설정)
그림과 같이 내부의 작은 원 선택
거리 : -10
생성 : 잘라내기 선택
( 스케치 형상 숨기기 설정)

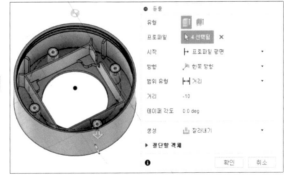

## 15. Fan-Cover 구성요소 활성화 적용.

### 1) 작성 / 스케치 작성 **선택**
작업평면 : 이전 형상 외측 윗면 선택
그림과 같이 스케치하기

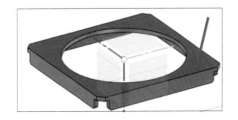

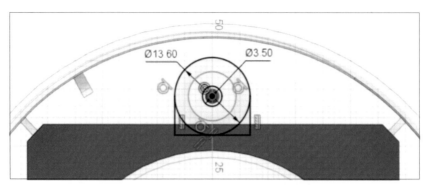

2) 작성 / 돌출 **선택**
   그림과 같이 프로파일 선택
   거리 : -2
   생성 : 새 본체 선택

3) 작성 / 스케치 작성 **선택**
   작업평면 : 이전 형상 윗면 선택
   그림과 같이 스케치하기

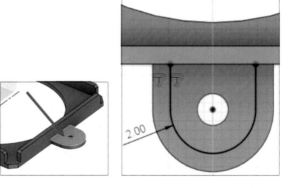

4) 작성 / 돌출 **선택**
   (본체의 다른 형상은 숨기기 적용)
   그림과 같이 프로파일 선택
   거리 : 3
   생성 : 접합 선택

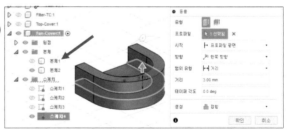

5) 수정 / 모따기 **선택**
   리브 형상 내측 모서리 선택
   유형 : 동일한 거리 선택
   거리값 : 1
   구석 유형 : 모따기 선택

6) 작성 / 패턴 / 원형패턴 **선택**

   (본체에서 다른 형상 보이게 적용)

   유형 : 본체

   객체 : 이전에 만든 형상 선택

   축 : Z축(또는 원의 중심) 선택

   각도 간격 : 전체 선택

   수량 : 4

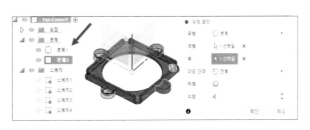

7) 수정 / 결합 **선택**

   대상 본체 : 외측 형상 선택

   도구 본체 : 이전 형상 선택(4개)

   생성 : 접합 선택

8) 수정 / 모깎기 **선택**

   이전 형상의 모서리 선택(8곳)

   반지름 유형 : 상수 선택

   거리값 : 3

   구석 유형 : 롤링 볼 선택

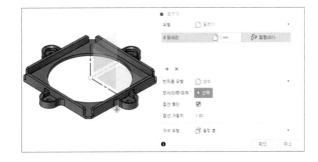

9) 수정 / 모따기 **선택**

   내측 원의 모서리 선택(2곳)

   유형 : 동일한 거리 선택

   거리값 : 0.5

   구석 유형 : 모따기 선택

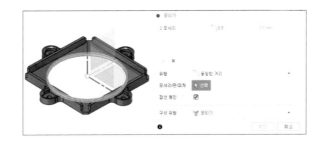

10) 수정 / 색상 **선택** (선택 사항)

    여러 부품이 조립된 경우 색상을
    적용하면 구분하기 편리해집니다.

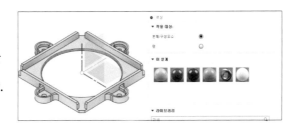

## 16. Top-Cover 구성요소 활성화 적용.

1) 구성 / 평면 간격띄우기 **선택**
   평면 : 바닥면 선택
   거리 : -27

2) 작성 / 스케치 작성 **선택**
   작업평면 : 위에서 만든 평면 선택
   그림과 같이 스케치하기
   (그림에서 파란색으로 표시된 선은
   구성선 위에 추가로 그린 선으로
   구멍형상을 만들 때 사용.)

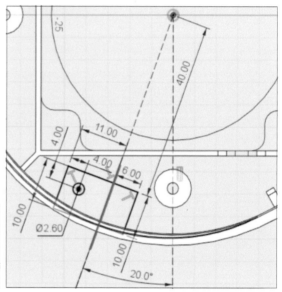

3) 작성 / 돌출 **선택**
   (이전 생성 평면은 숨기기 적용)
   그림과 같이 프로파일 선택
   범위 유형 : 객체로 선택
   객체 : 내측 바닥면 선택
   생성 : 접합 선택

4) 작성 / 파이프 **선택**
   (이전 스케치 보이게 적용)
   경로 : 대각선 스케치 선택
   단면 크기 : 4.6
   생성 : 잘라내기 선택

5) 수정 / 모깎기 **선택**

(위에서 사용한 스케치는 숨기기 적용)

이전 형상의 모서리 선택(4곳)

반지름 유형 : 상수 선택

거리값 : 1

구석 유형 : 롤링 볼 선택

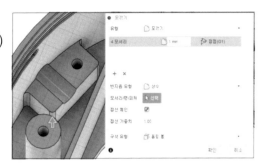

-------------------------------------------------------------------

17. Air-Cleaner 구성요소 활성화 적용.

1) 데이터 패널에서 PWR-Cable을 가져옵니다.

부품을 불러올 때 : 마우스로 부품을 선택 -〉 마우스 우클릭 -〉 현재
설계에 삽입 선택

a) PWR-Cable을 회전을 시켜 위에서
만든 구멍과 나란히(평행) 되게 합니다.
(Z각도 : 200)

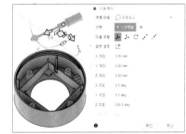

b) 이동 유형 : 점 대 점 선택
(PWR-Cable의 끝부분 원 모서리 와
Top-Cover의 구멍형상 모서리 선택)

C) 이동 유형 : 변환 선택
(Top-Cover 내부로 조금 이동, 15mm)

d) 이동 후 위치 캡처 선택

위치 ▼

## 2) 새 구성요소 추가하기

마우스로 Air-Cleaner 선택 -〉 마우스 우클릭 -〉 새 구성요소 선택

새 창에서 - 유형:표준, 내부 선택, 이름:Fixer-Cable, 활성화 선택해제

## 3) Fixer-Cable 부품 이동하기

마우스로 Fixer-Cable 선택

-〉 마우스 우클릭 -〉 이동/복사 선택

a) 이동 유형 : 점 대 점 선택

(Fixer-Cable의 원점과 Top-Cover의

원형 중심점 선택)

b) 이동 유형 : 자유 이동 선택

(Fixer-Cable을 회전하여 PWR-Cable과

나란히(평행) 되게 한다.)

(Z각도 : 20)

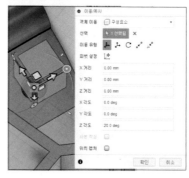

위치 ▼

c) 이동 후 위치 캡처 선택

## 18. Fixer-Cable 구성요소 활성화 적용.

1) 작성 / 스케치 작성 **선택**
   작업평면 : XY 평면 선택
   그림과 같이 스케치하기

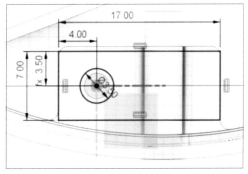

2) 작성 / 돌출 **선택**
   그림과 같이 프로파일 선택
   거리 : -2.4
   생성 : 새 본체 선택

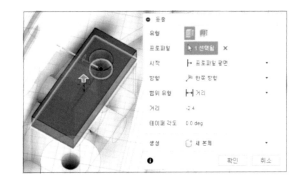

3) 수정 / 모깎기 **선택**
   반지름 유형 : 상수 선택
   거리값 : 2
   구석 유형 : 롤링 볼 선택

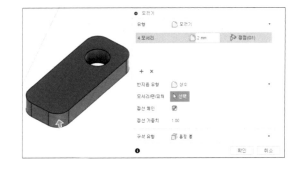

4) 수정 / 색상 **선택** (선택 사항)
   여러 부품이 조립된 경우 색상을
   적용하면 구분하기 편리해집니다.

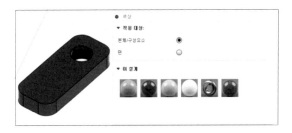

## 19. Top-Cover 구성요소 활성화 적용.

### 1) 수정 / 모따기 **선택**
외측 원의 모서리 선택(4곳)
유형 : 동일한 거리 선택
거리값 : 0.5
구석 유형 : 모따기 선택

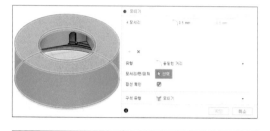

### 2) 작성 / 스케치 작성 **선택**
작업평면 : 형상의 윗면 선택
그림과 같이 스케치하기

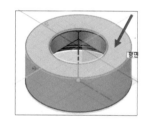

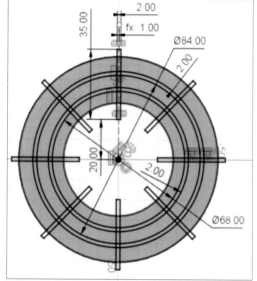

### 3) 작성 / 돌출 **선택**
그림과 같이 프로파일 선택
거리 : -1
생성 : 잘라내기 선택

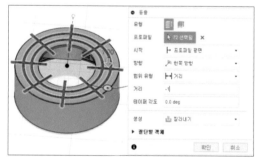

### 4) 수정 / 모따기 **선택**
그림과 같이 바닥면 선택
유형 : 동일한 거리 선택
거리값 : 1
구석 유형 : 모따기 선택

---

## 20. Air-Cleaner 구성요소 활성화 적용.

### 1) 새 구성요소 추가하기

마우스로 Air-Cleaner 선택 -〉 마우스 우클릭 -〉 새 구성요소 선택

　　새 창에서 - 유형:표준, 내부 선택, 이름:Filter-BC, 활성화 선택해제

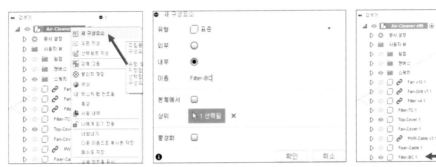

### 3) Filter-BC 부품 이동하기

　　(Flter 부품 보이게 선택)

　　마우스로 Filter-BC 선택

　　-〉 마우스 우클릭 -〉 이동/복사 선택

a) Filter-BC의 XY 평면과 Filter의 하단부 면의 거리 차이가 3mm가 되게
　위치이동 (Filter-BC의 XY 평면이 아래에 위치)

b) 이동 후 위치 캡처 선택

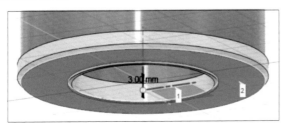

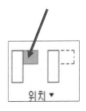

## 21. Filter-BC 구성요소 활성화 적용.

1) 작성 / 스케치 작성 **선택**

　작업평면 : XY 평면 선택

　그림과 같이 스케치하기

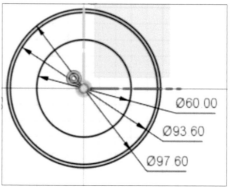

2) 작성 / 돌출 **선택** (3번 실행)

a) 아래 좌측그림과 같이 큰 원과 중간 원 사이의 프로파일 선택

　거리 : 3, 생성:새 본체 선택

b) (이전 스케치 형상 보이게 선택)

　아래 중앙그림과 같이 작은 원의 프로파일 선택, 거리:2, 생성:접합 선택

c) 아래 우측그림과 같이 큰 원 사이의 프로파일 선택, 거리:2, 생성:접합 선택

　(사용한 스케치 형상 숨기기 선택)

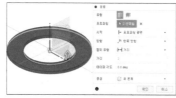
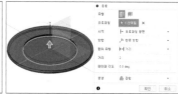

3) 작성 / 코일 **선택**

　작업평면 : 이전 형상의 바닥 면 선택

　원을 그리듯이 원점에서 형상의 <u>바깥쪽 모서리</u> 선택(치수는 자동입력)

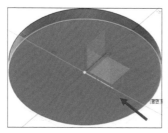
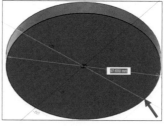

유형 : 회전 및 피치 선택

지름 : 97.6

회전 : 1.1

피치 : -4.5

단면크기 : 2

생성 : 새 본체 선택

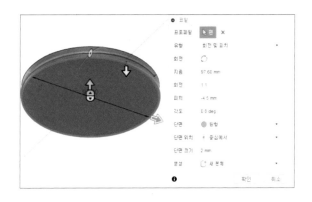

## 4) 위에서 생성된 코일 형상 이동하기

위에서 생성한 코일(본체에서 선택)을 선택 -> 마우스 우클릭 -> 이동/복사 선택

위 방향으로 2mm 이동

 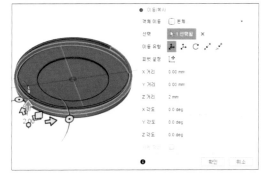

## 5) 수정 / 모깎기 **선택**

그림과 같이 모서리 선택(2개)

반지름 유형 : 상수 선택

거리값 : 0.9

구석 유형 : 롤링 볼 선택

## 6) 수정 / 결합 **선택**

대상 본체 : 외측 형상 선택

도구 본체 : 코일 형상 선택

생성 : 접합 선택

7) 수정 / 모깎기 **선택**
   코일 형상의 선택
   반지름 유형 : 상수 선택
   거리값 : 0.3
   구석 유형 : 롤링 볼 선택

8) 수정 / 모따기 **선택**
   상/하단부 외측 모서리 선택
   유형 : 동일한 거리 선택
   거리값 : 0.5
   구석 유형 : 모따기 선택

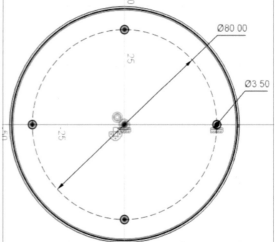

9) 작성 / 스케치 작성 **선택**
   작업평면 : 하단부 평면 선택
   그림과 같이 스케치하기

10) 작성 / 돌출 **선택**
    그림과 같이 프로파일 선택
    거리 : 충분한 거리 입력
    생성 : 잘라내기 선택

11) 수정 / 색상 **선택** (선택 사항)
    여러 부품이 조립된 경우 색상을
    적용하면 구분하기 편리해집니다.

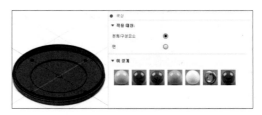

## 22. Air-Cleaner 구성요소 활성화 적용.

### 1) 새 구성요소 추가하기

마우스로 Air-Cleaner 선택 -> 마우스 우클릭 -> 새 구성요소 선택

새 창에서 - 유형:표준, 내부 선택, 이름:Stand, 활성화 선택해제

### 2) Stand 부품 이동하기

(Filter-BC 부품 보이게 선택)

마우스로 Stand 선택

-> 마우스 우클릭 -> 이동/복사 선택

a) Stand의 XY 평면과 Filter-BC의 상단부 면의 거리 차이가 0.5mm가 되게
   위치이동 (Stand의 XY 평면이 위에 위치)

b) 이동 후 위치 캡처 선택

## 23. Stand 구성요소 활성화 적용.

(Filter와 Filter-BC 부품 보이게 선택)

1) 작성 / 스케치 작성 **선택**

　작업평면 : XZ 평면 선택

　그림과 같이 스케치하기

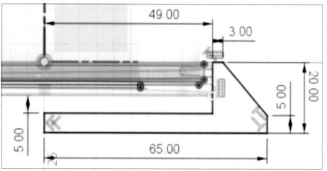

2) 작성 / 회전 **선택**

　프로파일 : 그림과 같이 선택

　축 : Z축 선택

　유형 : 각도 선택

　각도 : 360

　생성 : 새 본체 선택

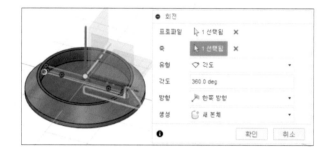

3) 작성 / 코일 **선택**

　작업평면 : 이전 형상의 바닥 면 선택

　원을 그리듯이 원점에서 형상의 <u>바깥쪽 모서리</u> 선택(치수는 자동입력)

　유형 : 회전 및 피치 선택, 지름 : 98, 회전 : 2.3, 피치 : -4.5

　단면 크기 : 2.4, 생성 : 새 본체 선택

  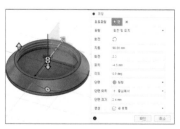

## 4) 위에서 생성된 코일 형상 이동하기

위에서 생성한 코일(본체에서 선택)을 선택 -> 마우스 우클릭 -> 이동/복사
선택

위 방향으로 2mm 이동

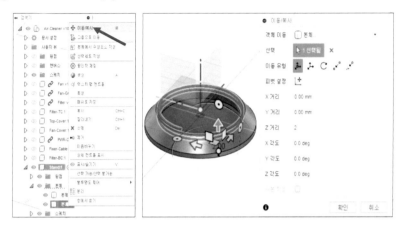

## 5) 수정 / 결합 **선택**

대상 본체 : 외측 형상 선택

도구 본체 : 코일 형상 선택

생성 : 잘라내기 선택

## 6) 수정 / 모깎기 **선택**

그림과 같이 모서리 선택

반지름 유형 : 상수 선택

거리값 : 1

구석 유형 : 롤링 볼 선택

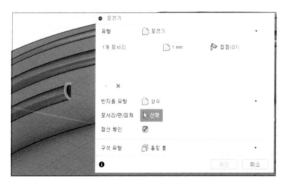

## 7) 수정 / 모깎기 **선택**

그림과 같이 모서리 선택

반지름 유형 : 상수 선택

거리값 : 0.3

구석 유형 : 롤링 볼 선택

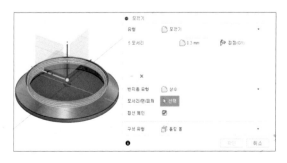

8) 작성 / 스케치 작성 **선택**

  작업평면 : 내측 바닥 면 선택

  그림과 같이 스케치하기

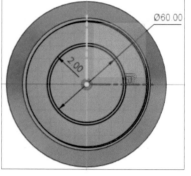

9) 작성 / 돌출 **선택**

  그림과 같이 프로파일 선택

  거리 : 5

  생성 : 접합 선택

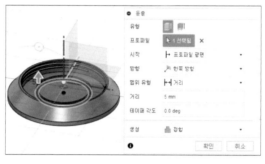

10) 수정 / 모따기 **선택**

   그림과 같이 모서리 선택(3곳)

   유형 : 동일한 거리 선택

   거리값 : 0.5

   구석 유형 :  모따기 선택

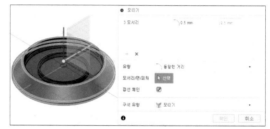

11) 수정 / 색상 **선택** (선택 사항)

   여러 부품이 조립된 경우 색상을

   적용하면 구분하기 편리해집니다.

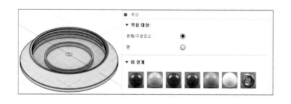

**Stand 형식의 공기청정기 설계는 완료되었습니다.** (실내에서 세워서 사용)

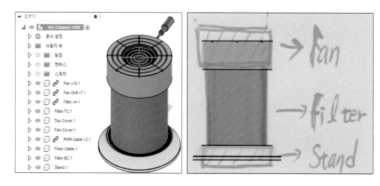

# 24. Air-Cleaner 구성요소 활성화 적용.

## 1) 새 구성요소 추가하기

마우스로 Air-Cleaner 선택 -〉 마우스 우클릭 -〉 새 구성요소 선택

새 창에서 - 유형:표준, 내부 선택, 이름:Cup-Holder-01, 활성화 선택해제

## 2) Cup-Holder-01 부품 이동하기

(Filter-BC 부품 보이게 선택)

마우스로 Cup-Holder-01 선택

-〉 마우스 우클릭 -〉 이동/복사 선택

a) Cup-Holder-01의 XY 평면과 Filter-BC의 상단부 면의 거리 차이가
0.5mm가 되게 위치이동 (Cup-Holder-01의 XY 평면이 위에 위치)

b) 이동 후 위치 캡처 선택

## 25. Cup-Holder-01 구성요소 활성화 적용.

(Filter-BC 부품 보이게 선택)

### 1) 작성 / 스케치 작성 **선택**

작업평면 : XZ 평면 선택

그림과 같이 스케치하기

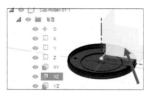

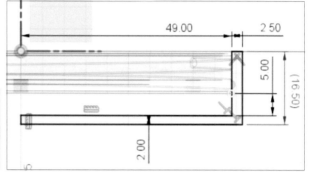

### 2) 작성 / 회전 **선택**

프로파일 : 그림과 같이 선택

축 : Z축 선택

유형 : 각도 선택

각도 : 360

생성 : 새 본체 선택

### 3) 작성 / 코일 **선택**

작업평면 : 이전 형상의 외측 윗면 선택

원을 그리듯이 원점에서 형상의 <u>안쪽 모서리</u> 선택(치수는 자동입력)

유형 : 회전 및 피치 선택, 지름 : 98, 회전 : 2.3, 피치 : -4.5

단면 크기 : 2.4, 생성 : 새 본체 선택

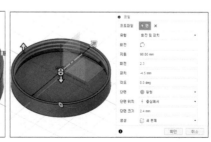

## 4) 위에서 생성된 코일 형상 이동하기

위에서 생성한 코일(본체에서 선택)을 선택 -〉 마우스 우클릭 -〉 이동/복사 선택

위 방향으로 2mm 이동

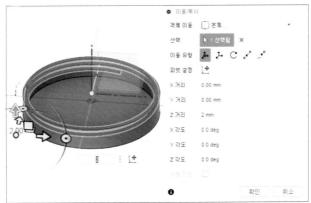

## 5) 수정 / 결합 **선택**

대상 본체 : 외측 형상 선택

도구 본체 : 코일 형상 선택

생성 : 잘라내기 선택

## 6) 수정 / 모깎기 **선택**

그림과 같이 모서리 선택

반지름 유형 : 상수 선택

거리값 : 1

구석 유형 : 롤링 볼 선택

## 7) 수정 / 모깎기 **선택**

그림과 같이 모서리 선택

반지름 유형 : 상수 선택

거리값 : 0.3

구석 유형 : 롤링 볼 선택

8) 작성 / 스케치 작성 **선택**

작업평면 : 내측 바닥 면 선택

그림과 같이 스케치하기

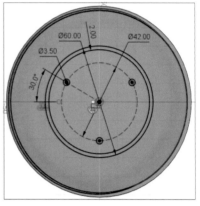

9) 작성 / 돌출 **선택**

그림과 같이 프로파일 선택

거리 : 5

생성 : 접합 선택

10) 작성 / 돌출 **선택**

(위 사용 스케치 보이게 선택)

그림과 같이 프로파일 선택

거리 : 충분한 거리 입력

생성 : 잘라내기 선택

(사용한 스케치 숨기기 선택)

11) 수정 / 모따기 **선택**

그림과 같이 모서리 선택(2곳)

유형 : 동일한 거리 선택

거리값 : 0.5

구석 유형 : 모따기 선택

12) 수정 / 색상 **선택** (선택 사항)

여러 부품이 조립된 경우 색상을

적용하면 구분하기 편리해집니다.

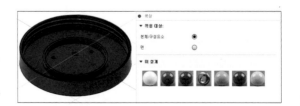

----------------------------------------------------------------

## 26. Air-Cleaner 구성요소 활성화 적용.

### 1) 새 구성요소 추가하기

마우스로 Air-Cleaner 선택 -> 마우스 우클릭 -> 새 구성요소 선택

　새 창에서 - 유형:표준, 내부 선택, 이름:Cup-Holder-01, 활성화 선택해제

### 2) Cup-Holder-02 부품 이동하기

　(Cup-Holder-01 부품 보이게 선택)

　마우스로 Cup-Holder-02 선택

　-> 마우스 우클릭 -> 이동/복사 선택

a) Cup-Holder-02의 XY 평면과 Cup-Holder-01의 하단부 면의 거리
　차이가 0mm가 되게 위치이동
　(Cup-Holder-02의 XY 평면이 Cup-Holder-01의 하단부 면과 일치)

b) 이동 후 위치 캡처 선택

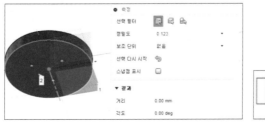

## 27. Cup-Holder-02 구성요소 활성화 적용.
   (Cup-Holder-01 부품 보이게 선택)

1) 구성 / 평면 간격띄우기 **선택**
   평면 : XY 평면 선택
   범위 : 거리 선택
   거리 : -70 (아래 방향….)

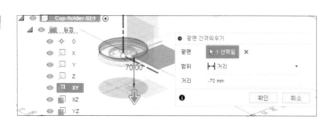

2) 작성 / 스케치 작성 **선택** (2번 실행)
a) 작업평면 : XZ 평면 선택, 아래 좌측그림과 같이 스케치하기

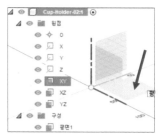 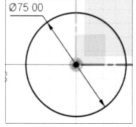

b) 작업평면 : 새로 만든 평면 선택, 아래 우측그림과 같이 스케치하기

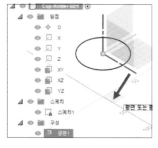 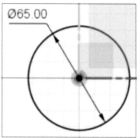

3) 작성 / 로프트 **선택**
   이전에 스케치한 프로파일 각각 선택
   생성 : 새 본체 선택

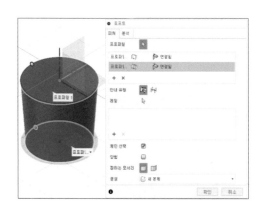

4) 수정 / 쉘 **선택**

면/본체 : 이전 형상의 윗면 선택

내부 두께 : 2

방향 : 내부 선택

5) 작성 / 스케치 작성 **선택**

작업평면 : 형상의 윗면 선택

그림과 같이 스케치하기

(원 3개의 위치는 Cup-Holder-01
에서 투영한 위치를 적용)

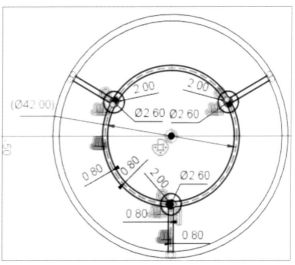

6) 작성 / 돌출 **선택**

그림과 같이 프로파일 선택

범위 유형 : 모두

반전 : 아래 방향을 향하게 선택

생성 : 접합 선택

7) 작성 / 돌출 **선택**

(이전 스케치 보이게 선택)

그림과 같이 작은 원 선택(3개)

거리 : -10

생성 : 잘라내기 선택

(사용한 스케치 숨기기 선택)

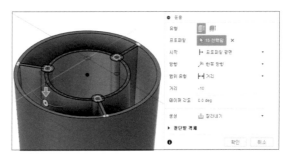

8) 수정 / 모따기 **선택**

그림과 같이 모서리 선택(2곳)

유형 : 동일한 거리 선택

거리값 : 0.5

구석 유형 : 모따기 선택

9) 수정 / 색상 **선택** (선택 사항)

여러 부품이 조립된 경우 색상을

적용하면 구분하기 편리해집니다.

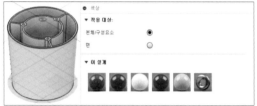

Cup-Holder 형식의 공기청정기 설계는 완료되었습니다.

(자동차 실내의 컵걸이에 끼워서 사용)

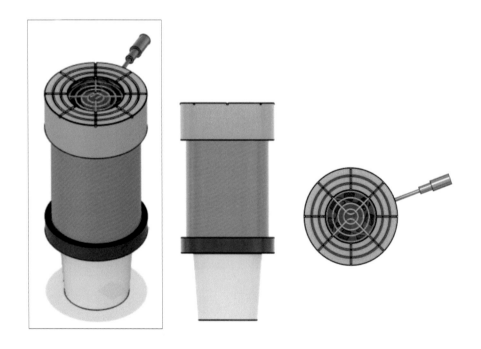

# 단원 3. 제품 조립구조로 구성하기

실제 조립되는 형식으로 각 부품을 구성하고 조립 위치에 나사를 추가하여
배치를 진행합니다.

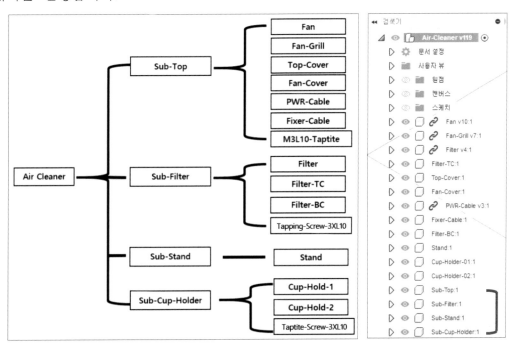

## 1. 새 구성요소 추가하기.

마우스로 Air-Cleaner 선택 -> 마우스 우클릭 -> 새 구성요소 선택

새 창에서…. (4번 실행)

a) 유형:표준, 내부 선택, 이름:Sub-Top, 활성화 선택해제

b) 유형:표준, 내부 선택, 이름:Sub-Filter, 활성화 선택해제

c) 유형:표준, 내부 선택, 이름:Sub-Stand, 활성화 선택해제

d) 유형:표준, 내부 선택, 이름:Sub-Cup-Holder, 활성화 선택해제

## 2. 각 단품을 조립되는 그룹으로 이동하기.

이동하고자 하는 부품을 선택(다중선택 시 Ctrl 키를 누른 상태에서 마우스
좌측버튼으로 선택) → 마우스로 드래그 형식으로 선택한 부품이 속해야 할
조립품 이름 위에 위치해서 마우스 좌측버튼을 해제

같은 방법으로 그룹별(조립되는 형상으로….)로 이동합니다.

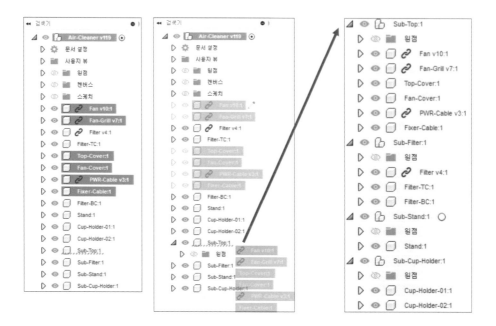

--------------------------------------------------------------------

## 3. 조립용 나사 추가.

### 1) Sub-Top 활성화 적용 (나머지는 안 보이게 선택)

화면 왼쪽 위에 있는 데이터 패널 아이콘 선택

Taptite-Screw-3XL10(나사부품))을 선택 → 마우스 우클릭

→ 현재 설계에 삽입 선택

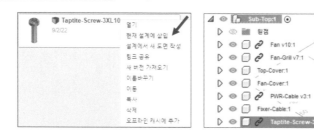

아래 그림과 같이 조립되는 나사를 이동합니다.

참조) 나사 회전, 위치이동

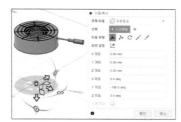
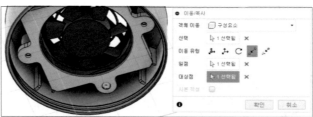

같은 부품을 적용할 때는 Ctrl-C,
Ctrl-V으로 복사하여 사용합니다.
유사한 방법으로 나사를 이동하시면
됩니다.

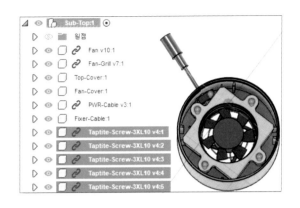

--------------------------------------------------------------------

2) Sub-Filter 활성화 적용 (나머지는 안 보이게 선택)
화면 왼쪽 위에 있는 데이터 패널 아이콘 선택
Tapping-Screw-3XL10(나사부품))을 선택 → 마우스 우클릭
→ 현재 설계에 삽입 선택

우측그림과 같이 조립되는 나사를
이동합니다.
같은 부품을 적용할 때는 Ctrl-C,
Ctrl-V으로 복사하여 사용

유사한 방법으로 나사를 이동

--------------------------------------------------------------------

3) Sub-Cup-Holder 활성화 적용 (나머지는 안 보이게 선택)
화면 왼쪽 위에 있는 데이터 패널 아이콘 선택

Taptite-Screw-3XL10(나사부품))을 선택 → 마우스 우클릭

→ 현재 설계에 삽입 선택

우측그림과 같이 조립되는 나사를
이동합니다.

같은 부품을 적용할 때는 Ctrl-C,
Ctrl-V으로 복사하여 사용

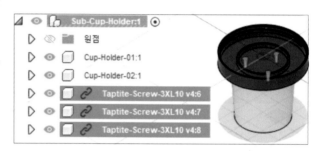

유사한 방법으로 나사를 이동

----------------------------------------------------------------

4) **Air-Cleaner 활성화 적용** (모든 부품이 다 보이게 선택)

실내용으로 사용 시 : Sub-Stand를 보이게 선택

Sub-Cup-Holder를 숨기기 적용

차량용으로 사용 시 : Sub-Cup-Holder를 보이게 선택

Sub-Stand를 숨기기 적용

# 단원 4. STL파일 만들기.

지금까지 위에서 3D모델링(제품설계)한 부품들을 3D프린터를 사용하여 출력하려면 STL 파일로 변환을 먼저 해야 합니다.

기본적으로 Fusion360의 파일의 확장자는 f3d 파일입니다.

그래서 **3D프린터를 사용하기 위해선 슬라이싱 프로그램을 사용합니다.**

**기본 파일형식인 STL 파일형식으로 변환해야 합니다.**

1. **변환 부품선택 → 마우스 우클릭 → 메쉬로 저장 선택.**
2. **팝업창에서….**

   형식 : STL(이진) 선택 (3가지의 선택 옵션이 있음)

   메쉬 미리보기 : 선택 (선택된 3D모델링을 메쉬 형태로 표현)

   미세 조정 : 높음 선택

 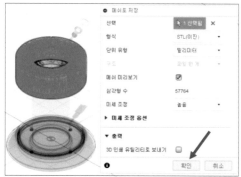

3. **팝업창에서… 원하는 위치에 저장하기.**

4. **다른 부품도 같은 방법으로 STL 파일로 변환하시면 됩니다.**

변환된 각각의 STL 파일을 3D프린터에 맞는 슬라이스 프로그램에서 적용하여 G코드로 변환하면 됩니다.

# 단원 5. 교구 세트 조립하기.

공기청정기 교구 상자에 포함된 부품들을 조립하여 완제품으로 만드는 과정을 설명해 드리겠습니다. 차근차근 따라 하기 하시면 됩니다.

크게 4부분으로 구성되어 조립됩니다.

## 1. Sub-Filter 부분 조립하기.

그림과 같이 Filter, Filter-TC, Filter-BC, Tapping-Screw-3XL10(8개) 을 준비합니다.

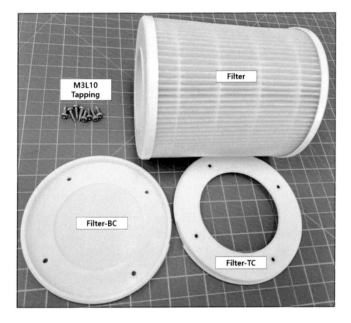

### 1) Filter에 Filter-TC 및 Filter-BC 조립하기

그림과 같이 나사(Tapping-Screw-3XL10)를 사용하여 Filter의 위/아래를 조립합니다. (Filter에 위/아래 면에 있는 작은 구멍에 맞춰서 조립)

 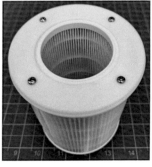 

## 2. Sub-Top 부분 조립하기.

그림과 같이 Fan, Fan-Grill, PWR-cable, Taptite-Screw-3XL10 (5개), 수축 튜브 부품과 Top-Cover, Fan-Cover, Fixer-Cable 의 3D프린터 출력물을 준비합니다.

(Fan 부품의 전선부 피복을 제거하고 정리해 놓습니다.)

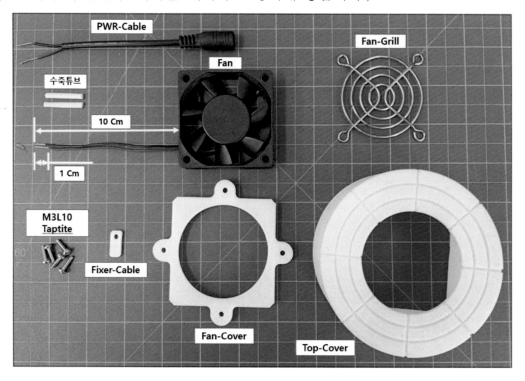

## 1) Top-Cover에 Fan-Grill과 Fan 조립하기

그림과 같이 Fan-Grill, Fan을 Top-Cover에 삽입

Fan-Grill : 원형이 바깥으로 향하게 조립

Fan : 라벨이 밖에서 보이게, 전원선이 걸리지 않게 위치

## 2) PWR-Cable과 Fan Cable을 납땜하기

Fan에 전원을 공급하기 위해 PWR-Cable과 Fan의 전원선을 연결합니다. 같은 색상끼리 연결합니다.

납땜 전에 수축 튜브를 먼저 끼워 넣고 납땜 진행.
수축 튜브를 오랫동안 고열에 노출하지 마시고 짧은 시간에 수축 튜브가 수축되면 됩니다.

수축 튜브 수축 시 사용하는 공구는 히팅건을 많이 사용합니다.
(공구가 없을 경우에는 라이터를 사용하기도 합니다. 화재에 주의하면서 작업하시면 됩니다.)

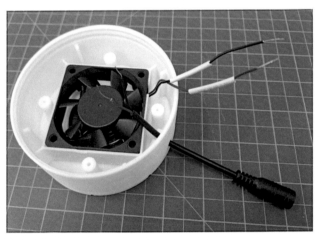

## 3) 전원 Cable 고정 및 Fan-Cover 조립하기

Fixer-Cable 로 PWR-Cable을 고정

내부 전선을 정리한 후 Fan-Cover를 조립

나사(Taptite-Screw-3XL10) 체결 시 부품들이 적당히 밀착될 정도의 힘을 사용하여 조립합니다.

3D프린터로 출력된 부품은 상대적으로 약하므로 강한 힘으로 체결하면 부러질 수 있습니다.

## 3. Sub-Cup-Holder 부분 조립하기.

그림처럼 Cup-Holder-01, Cup-Holder-02, Taptite-Screw-3XL10(3개) 준비합니다.

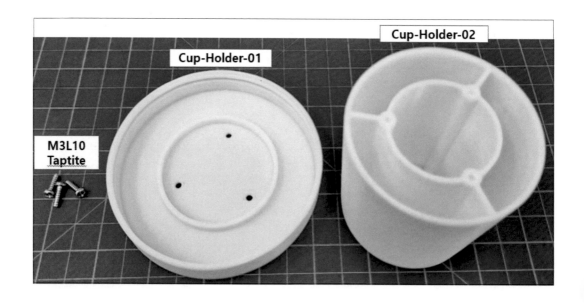

1) Cup-Holder-01과 Cup-Holder-02를 조립하기.

그림과 같이 나사(Taptite-Screw-3XL10)를 사용하여 조립

## 4. 사용하는 용도에 따라 하단 부품을 교환해서 사용.

1) 개인 방이나 사무실 등 실내에서 사용할 경우 하단부를 Stand로 고정하여
　　사용합니다. (12V 어댑터 연결)

2) 차량용으로 사용할 경우 하단부를 Cup-Holder 조립품으로 교체하여
　　사용하시면 됩니다. (차량용 전원 시가잭 연결)

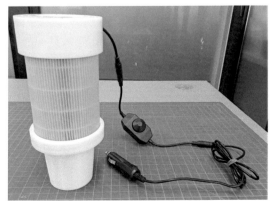

## 5. 3D프린트 출력 시 추천 설정값

3D프린트로 출력 시 아래 표와 같이 기본적인 설정값을 적용하여 작업하는 것을 추천해 드립니다.

모든 부품은 Screw로 분해 조립이 가능합니다.
그래서 벽 두께 설정이 매우 중요합니다. ( 벽 두께 : 1.2mm 이상 )
( 벽 두께가 너무 작으면 Screw 체결 시 나사산 접촉 부분에서 3D출력물이 파괴되어 조립이 안 되는 경우가 발생할 수 있습니다. )

| 번호 | 명칭 | 부품 형상 | 슬라이싱 기본 설정 값 | 비고 |
|---|---|---|---|---|
| 1 | Top-Cover | | 그림처럼 각 부품을 위치하여 슬라이싱 진행. **벽 두께 : 1.2 mm** **상단/하단 두께 : 1.0 mm** **추가 추천사항 :** 1. 서포트 생성 : 없음 ( 우선 자신의 3D프린터 품질상태 확인이 필요합니다.) 2. 내부채움 밀도 : 20% ( Fixer-Cable 제외 ) 3. Set당 3D 프린터 출력 수량 : 각 부품별로 1개 | |
| 2 | Fan-Cover | | | |
| 3 | Fixer-Cable | | | 내부채움 밀도 : 100% |
| 4 | Filter-TC | | | |
| 5 | Filter-BC | | | |
| 6 | Stand | | | |
| 7 | Cup-Holder-01 | | | |
| 8 | Cup-Holder-02 | | | |

따라하며 익힐 수 있는 3D CAD 설계 (공기청정기 만들기)

**발　행** | 2022년 10월 06일
**저　자** | 윤정필
**펴낸이** | 한건희
**펴낸곳** | 주식회사 부크크
**출판사등록** | 2014.07.15.(제2014-16호)
**주　소** | 서울특별시 금천구 가산디지털1로 119 SK트윈타워 A동 305호
**전　화** | 1670-8316
**이메일** | info@bookk.co.kr

**ISBN** | 979-11-372-9715-9

www.bookk.co.kr

ⓒ 윤정필 2022
본 책은 저작자의 지적 재산으로서 무단 전재와 복제를 금합니다.